For

Karen O'Keefe

from

Elvira Klaus

Hartmutschule Eschborn
5. Febr. 2004

Johannes XXIII
Nur für heute

Johannes XXIII

Nur für heute

Mit Fotografien
von Karl Holzhauser

Pattloch

Nur für heute werde ich mich bemühen, den Tag zu erleben,
    ohne das Problem meines Lebens auf einmal lösen zu wollen.
Nur für heute werde ich die größte Sorge für mein Auftreten pflegen:
    vornehm in meinem Verhalten; ich werde niemand kritisieren,
    ja ich werde nicht danach streben, die anderen zu verbessern,
    nur mich selbst.
Nur für heute werde ich in der Gewissheit glücklich sein,
    dass ich für das Glück geschaffen bin, nicht nur für die andere,
    sondern auch für diese Welt.
Nur für heute werde ich mich an die Umstände anpassen,
    ohne zu verlangen, dass die Umstände sich an meine Wünsche anpassen.
Nur für heute werde ich zehn Minuten meiner Zeit einer guten Lektüre widmen;
    wie die Nahrung für das Leben notwendig ist, so ist die gute Lektüre
    notwendig für das Leben der Seele.
Nur für heute werde ich eine gute Tat vollbringen,
    und ich werde es niemand erzählen.

Nur für heute werde ich etwas tun, das ich keine Lust habe zu tun;
 sollte ich mich in meinen Gedanken beleidigt fühlen,
 werde ich dafür sorgen, dass niemand es merkt.
Nur für heute werde ich ein genaues Programm aufstellen.
 Vielleicht halte ich mich nicht genau daran,
 aber ich werde es aufsetzen.
 Und ich werde mich vor zwei Übeln hüten:
 vor der Hetze und der Unentschlossenheit.
Nur für heute werde ich fest glauben
 — selbst wenn die Umstände das Gegenteil zeigen sollten —,
 dass die gütige Vorsehung Gottes sich um mich kümmert,
 als gäbe es sonst niemand in der Welt.
Nur für heute werde ich keine Angst haben.
 Ganz besonders werde ich keine Angst haben,
 mich an allem zu freuen, was schön ist,
 und an die Güte zu glauben.

Nur für heute werde ich mich bemühen,
den Tag zu erleben,
ohne das Problem meines Lebens
auf einmal lösen zu wollen.

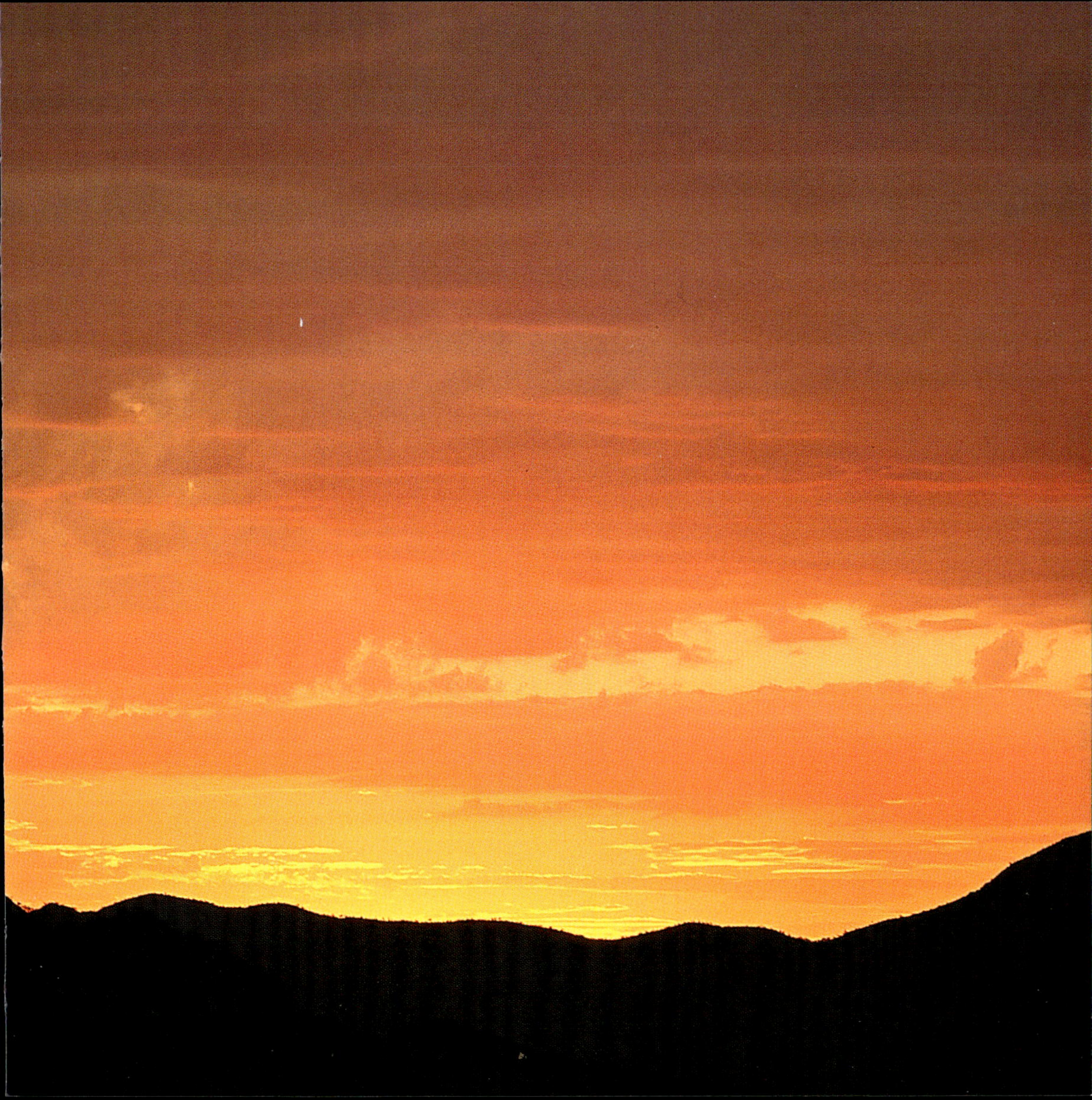

Boileau
OUVRES
COMPLETES

Concilium
Trident

Lib.
Decretalium
Iuris Canon.

Die heilige Schrift.

Veterum poetarum... J.J. Schröder 1738

Alcaei fragmenta 1810

Cuvier über vergleichende Anatomie

Cuvier über vergleichende Anatomie

Nur für heute werde ich die größte Sorge
für mein Auftreten pflegen:
vornehm in meinem Verhalten.

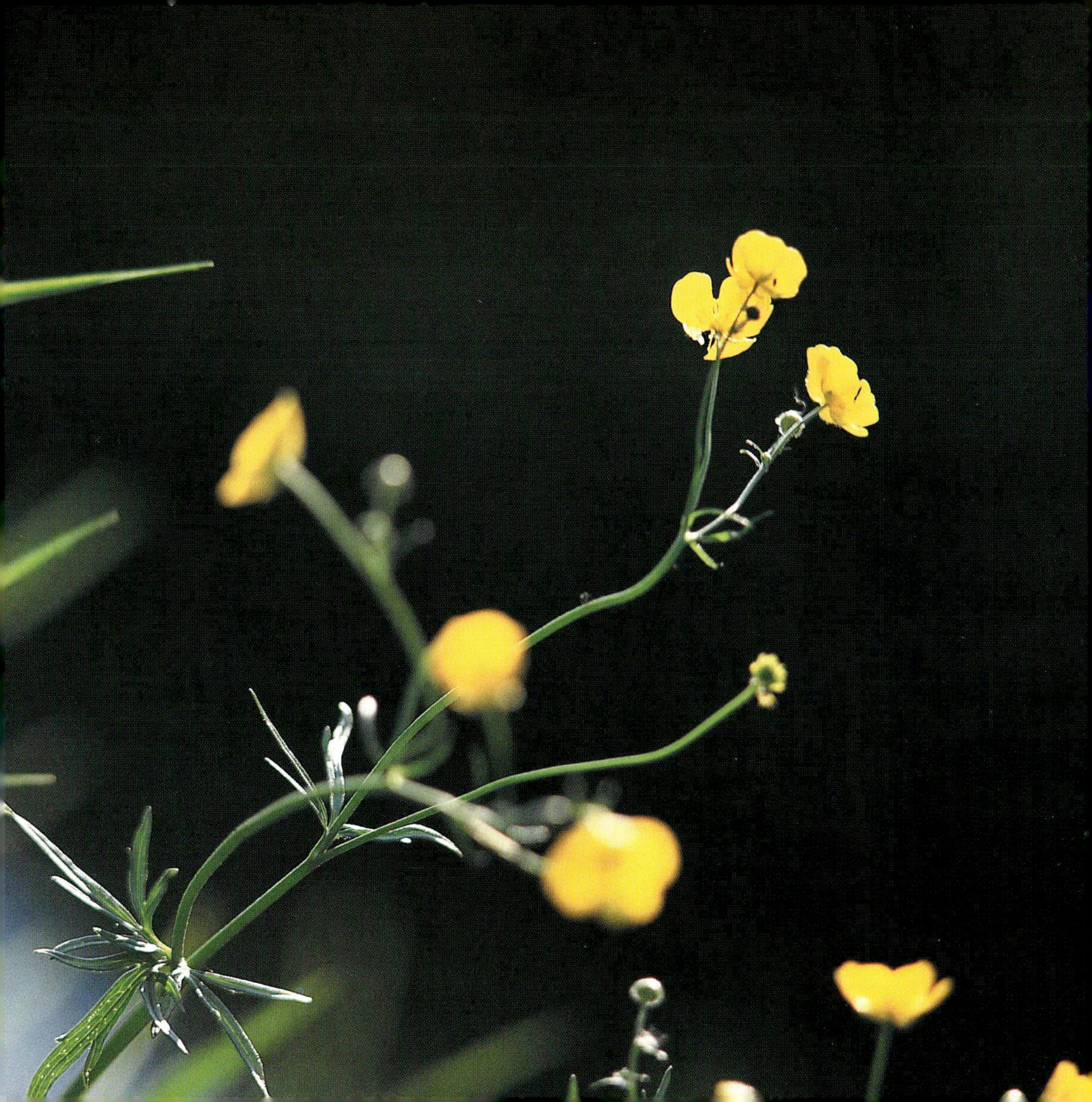

Ich werde niemand kritisieren,
        ja ich werde nicht danach streben,
        die anderen zu verbessern,
        nur mich selbst.

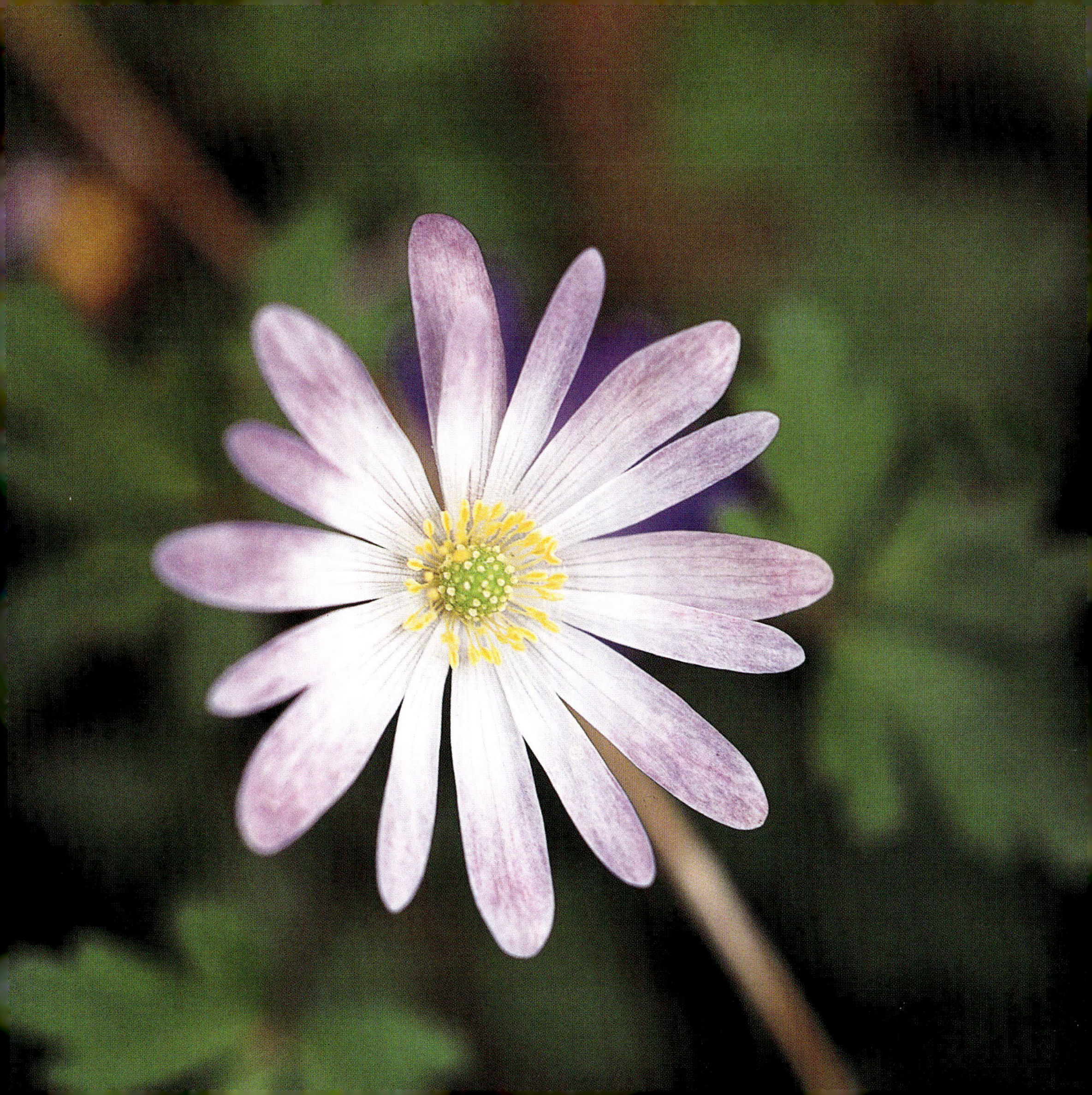

Nur für heute werde ich in der
Gewissheit glücklich sein,
dass ich für das Glück geschaffen bin,
nicht nur für die andere,
sondern auch für diese Welt.

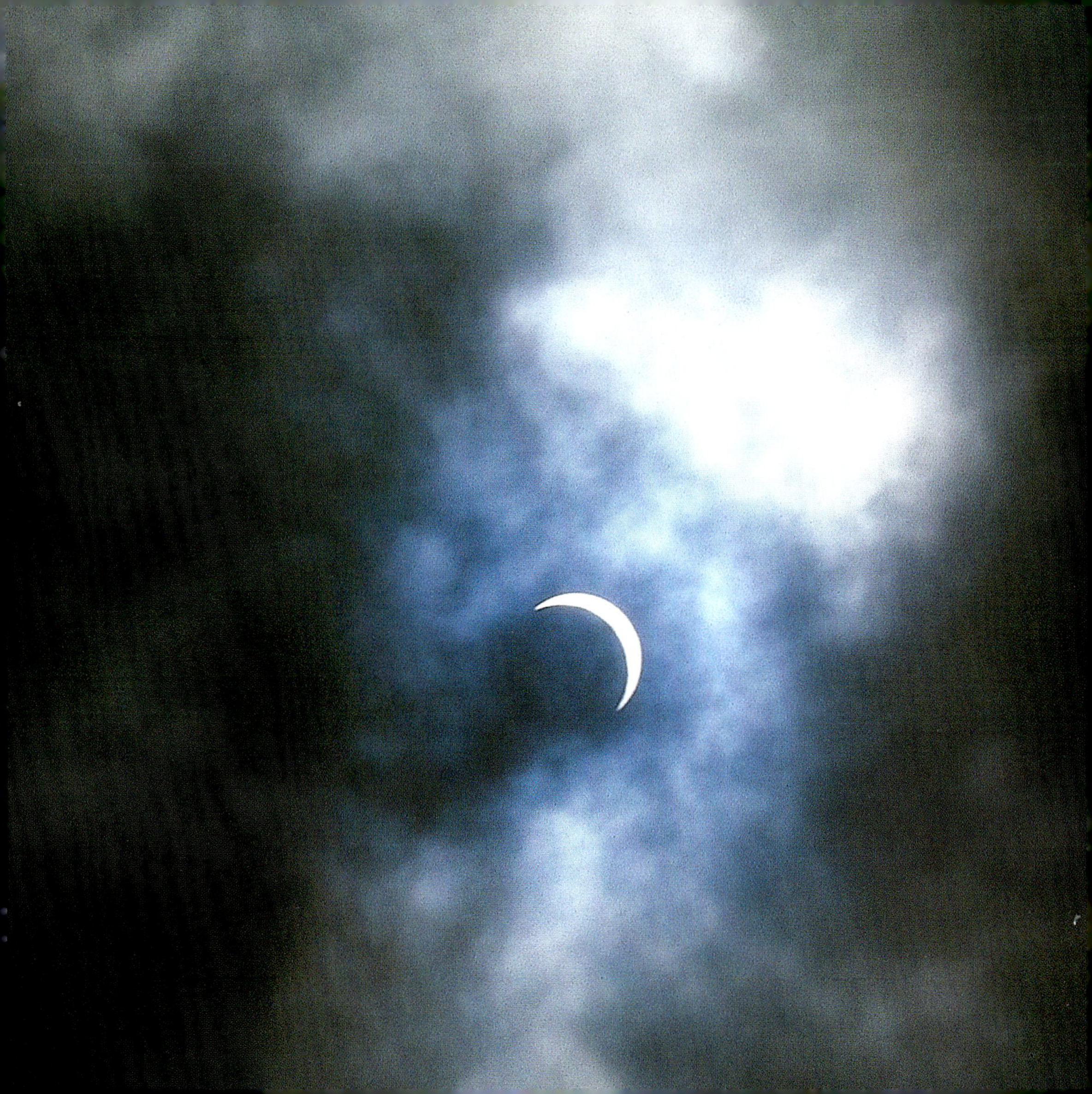

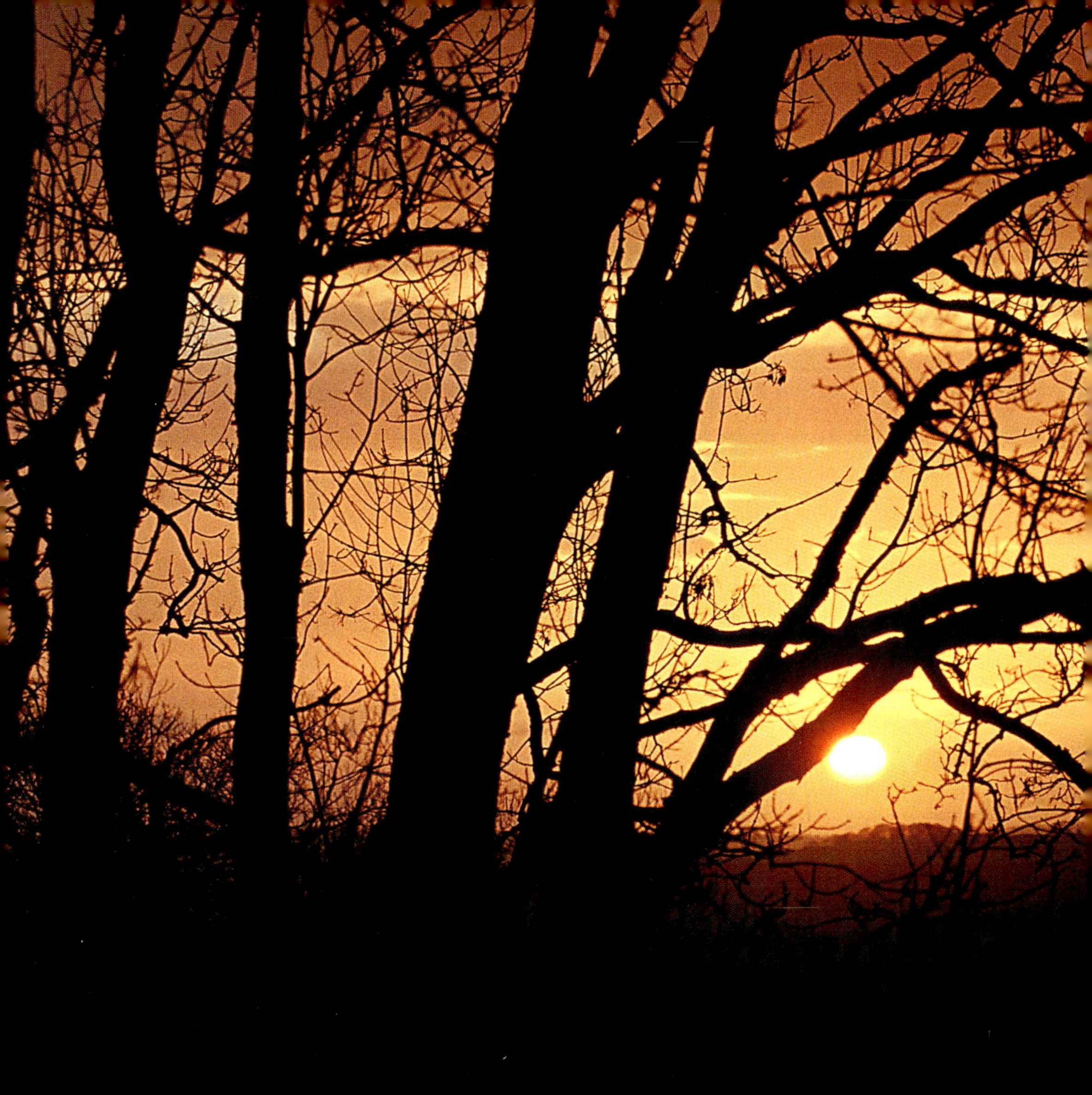

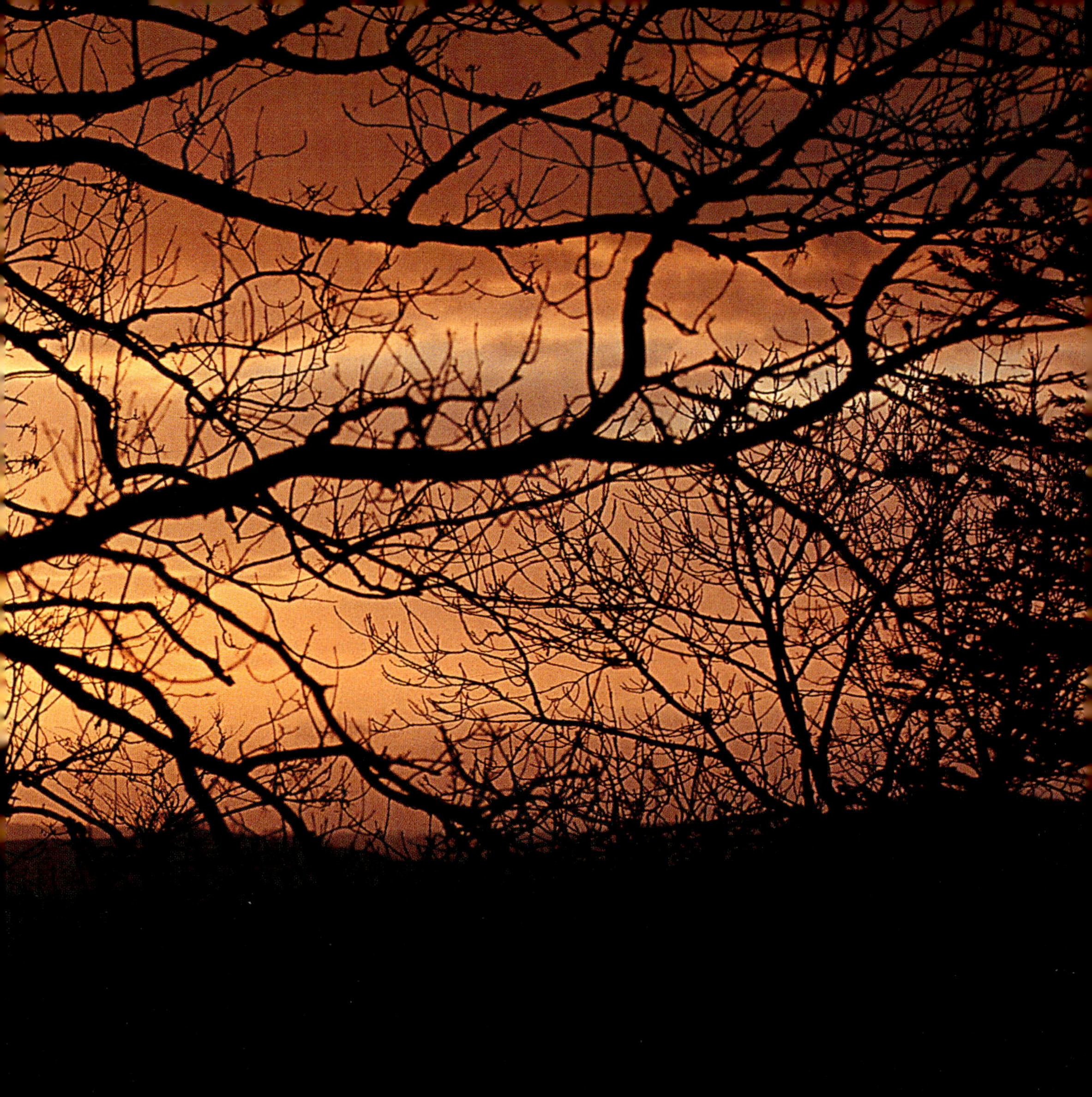

Nur für heute werde ich mich
an die Umstände anpassen,
ohne zu verlangen, dass die Umstände
sich an meine Wünsche anpassen.

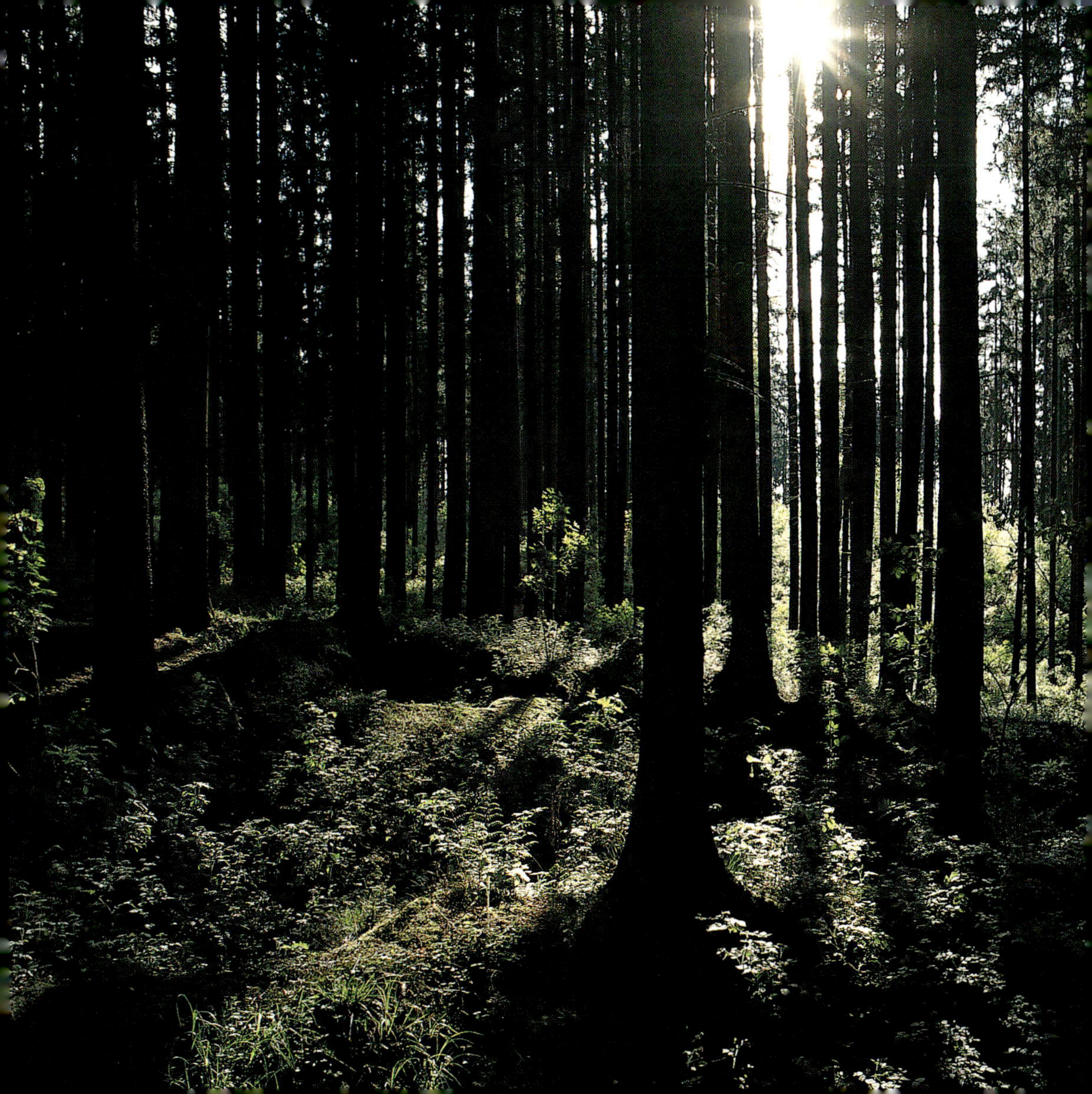

**Nur für heute werde ich
zehn Minuten meiner Zeit
einer guten Lektüre widmen.

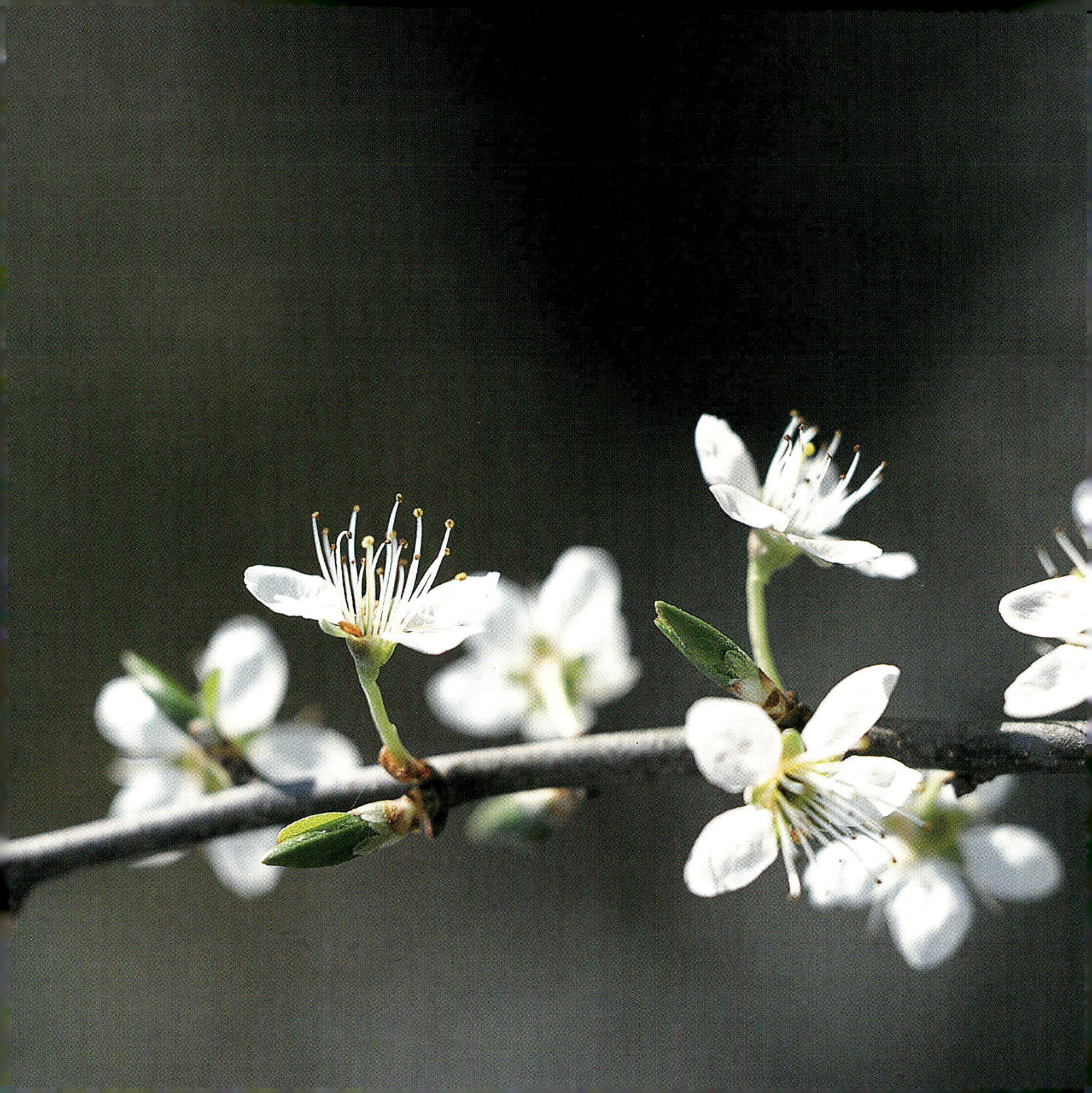

Wie die Nahrung für das Leben notwendig ist,
so ist die gute Lektüre notwendig
für das Leben der Seele.

... quo sic majestatis tuæ
resplendeat, ut ad te
...i se nobis errórum
t, quo ad te viden
te viso jucunde...
Amen. Per...

...Israel, qui glorificavit...
bunt filii peregrinórum muros
& reges eórum ministrábunt ti...
indignatióne autem...
...die & nocte...
auferátur a te...
reges eórum adducentu...

Nur für heute werde ich eine gute Tat vollbringen,
und ich werde es niemand erzählen.

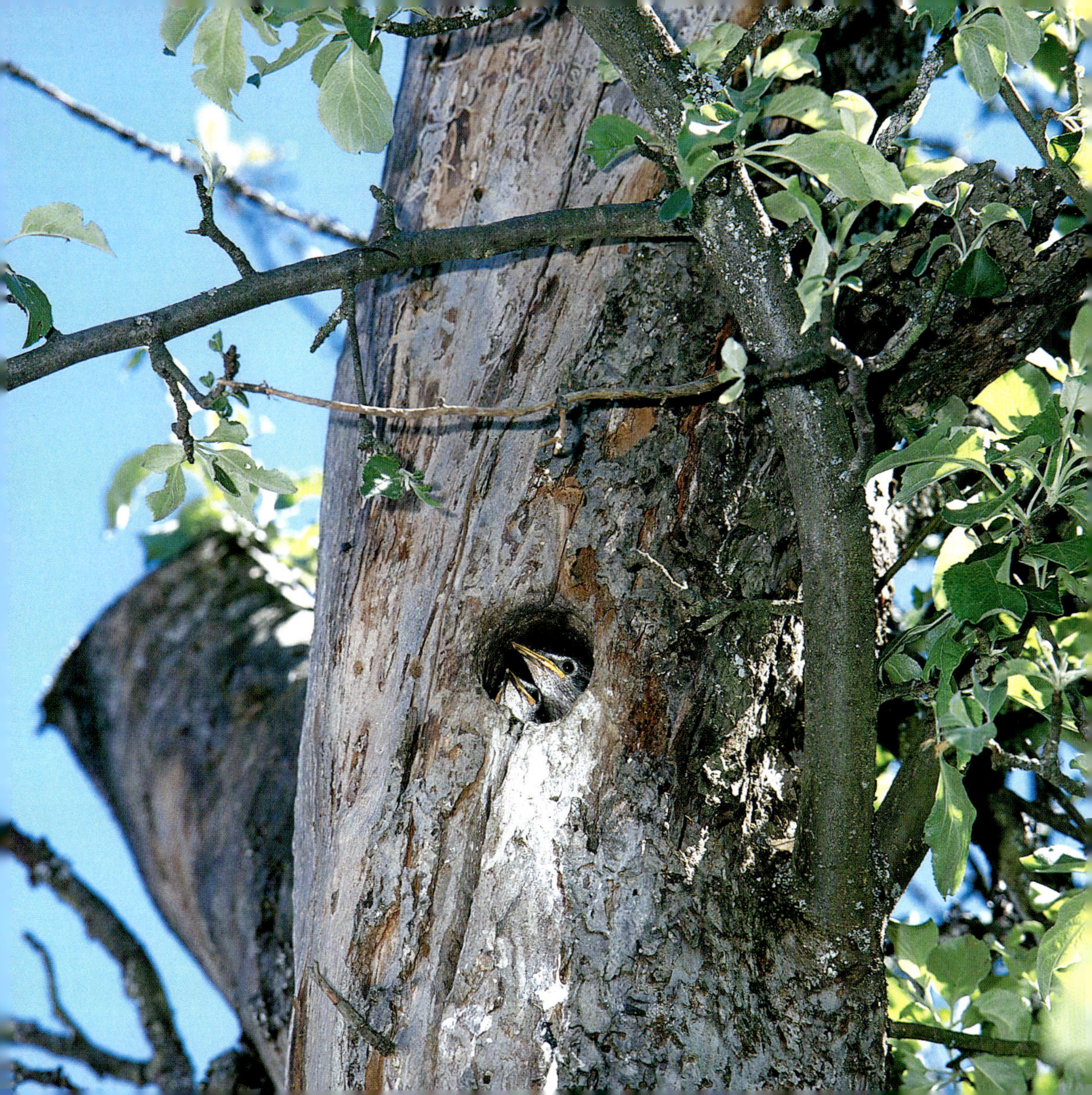

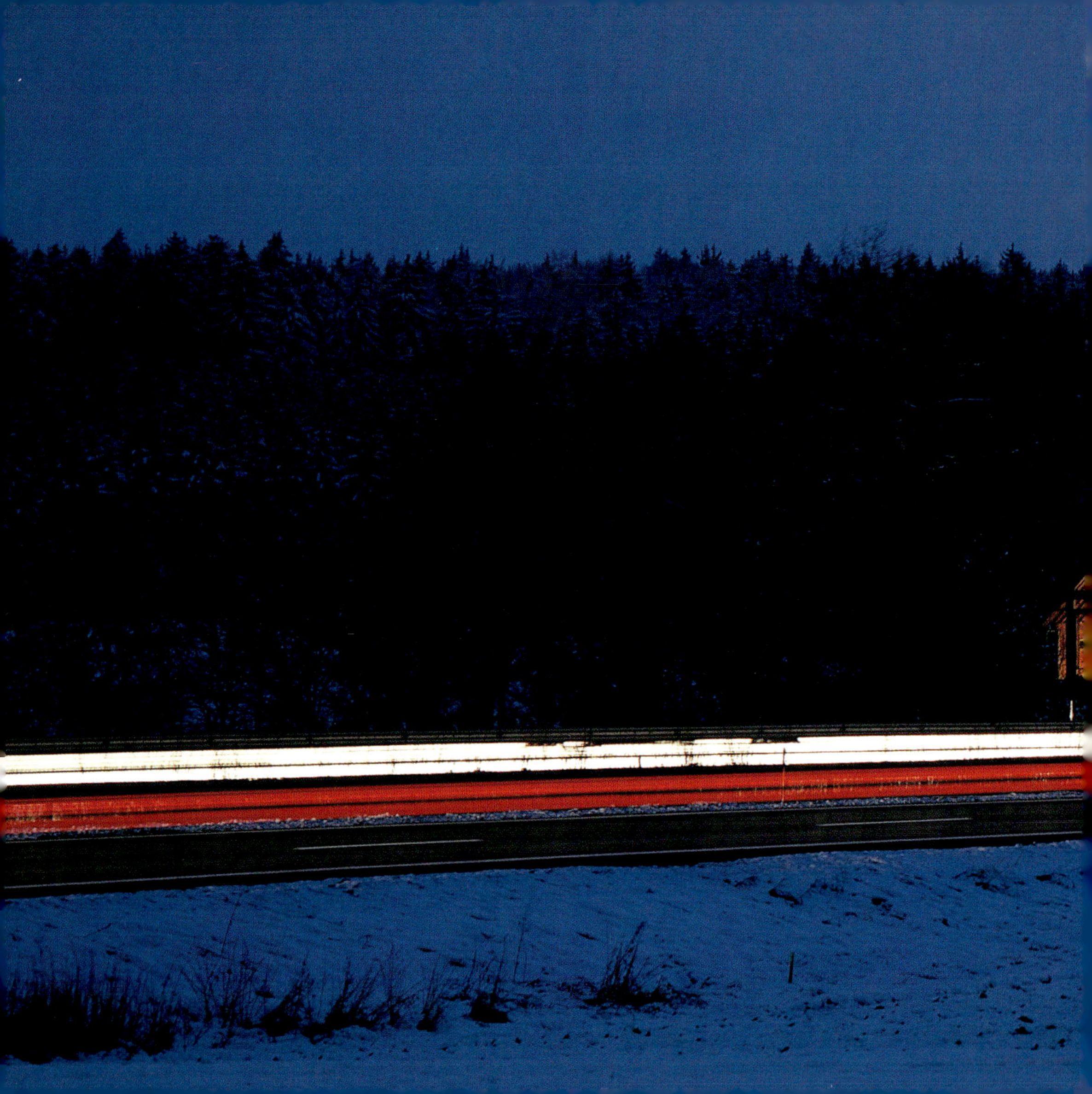

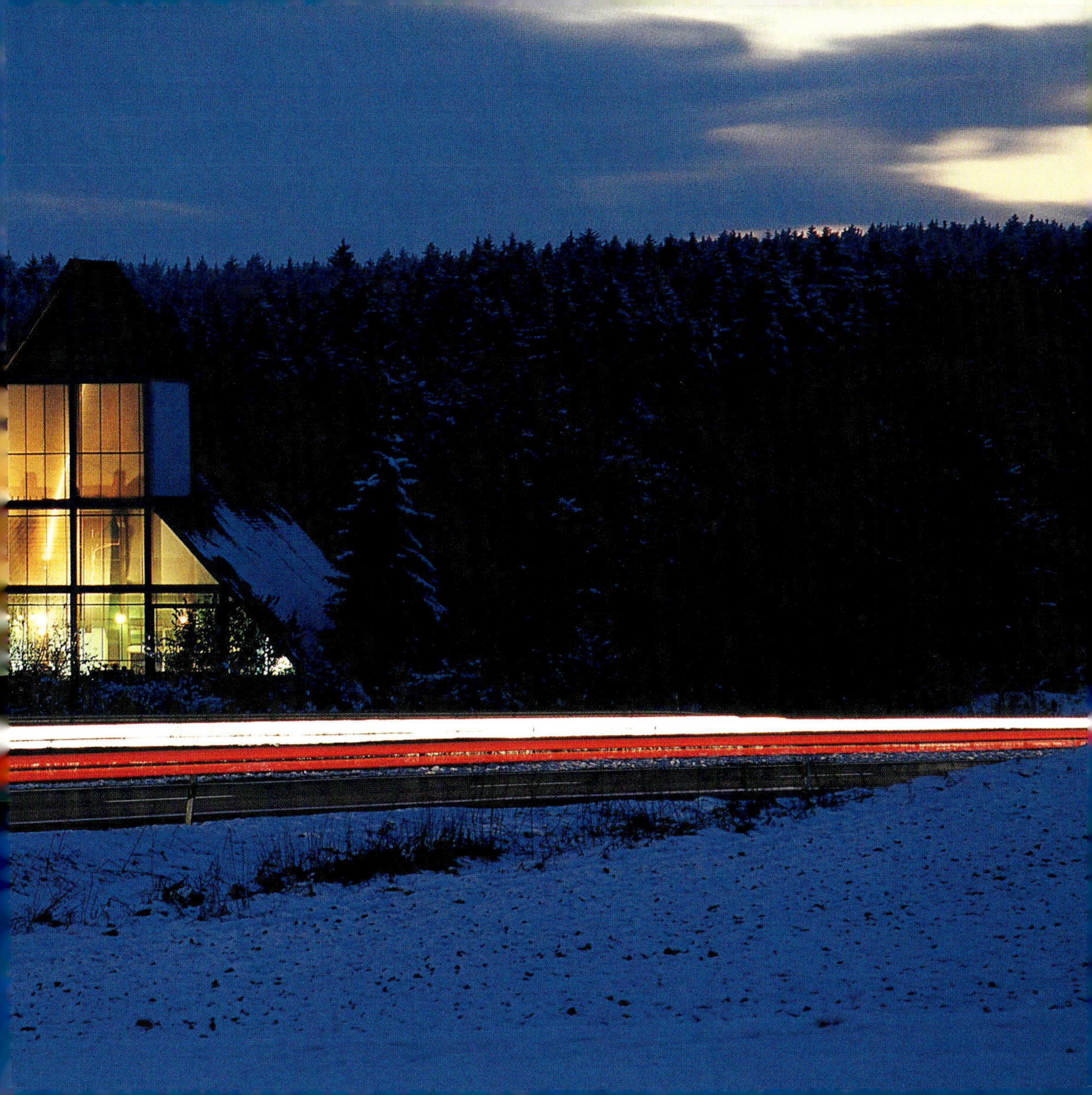

Nur für heute werde ich etwas tun,
das ich keine Lust habe zu tun;
sollte ich mich in meinen Gedanken
beleidigt fühlen,
werde ich dafür sorgen,
dass niemand es merkt.

Nur für heute werde ich ein genaues
 Programm aufstellen.
 Vielleicht halte ich mich nicht genau daran,
 aber ich werde es aufsetzen.

BLESS THE LORD

Und ich werde mich vor zwei Übeln hüten:
vor der Hetze und der Unentschlossenheit.

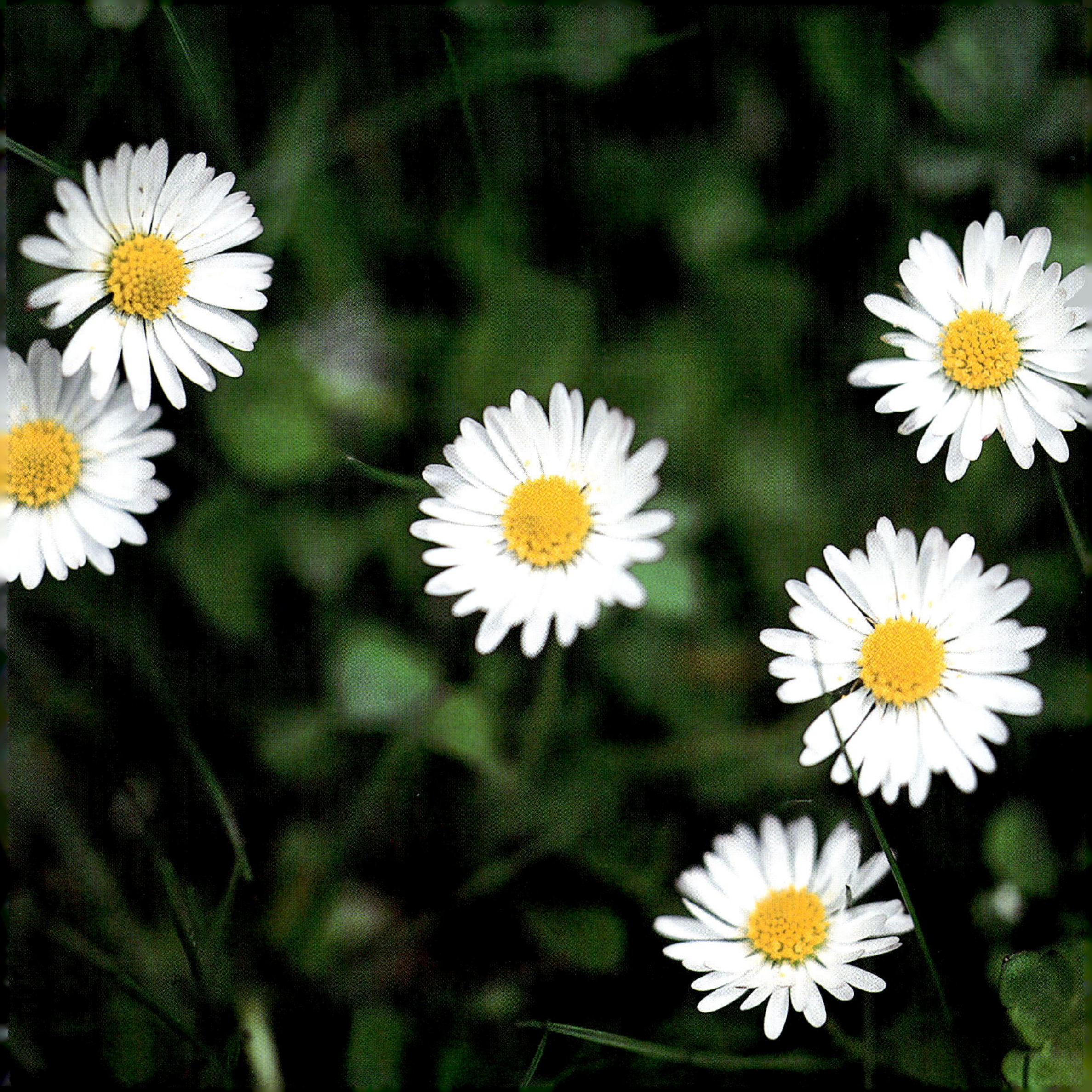

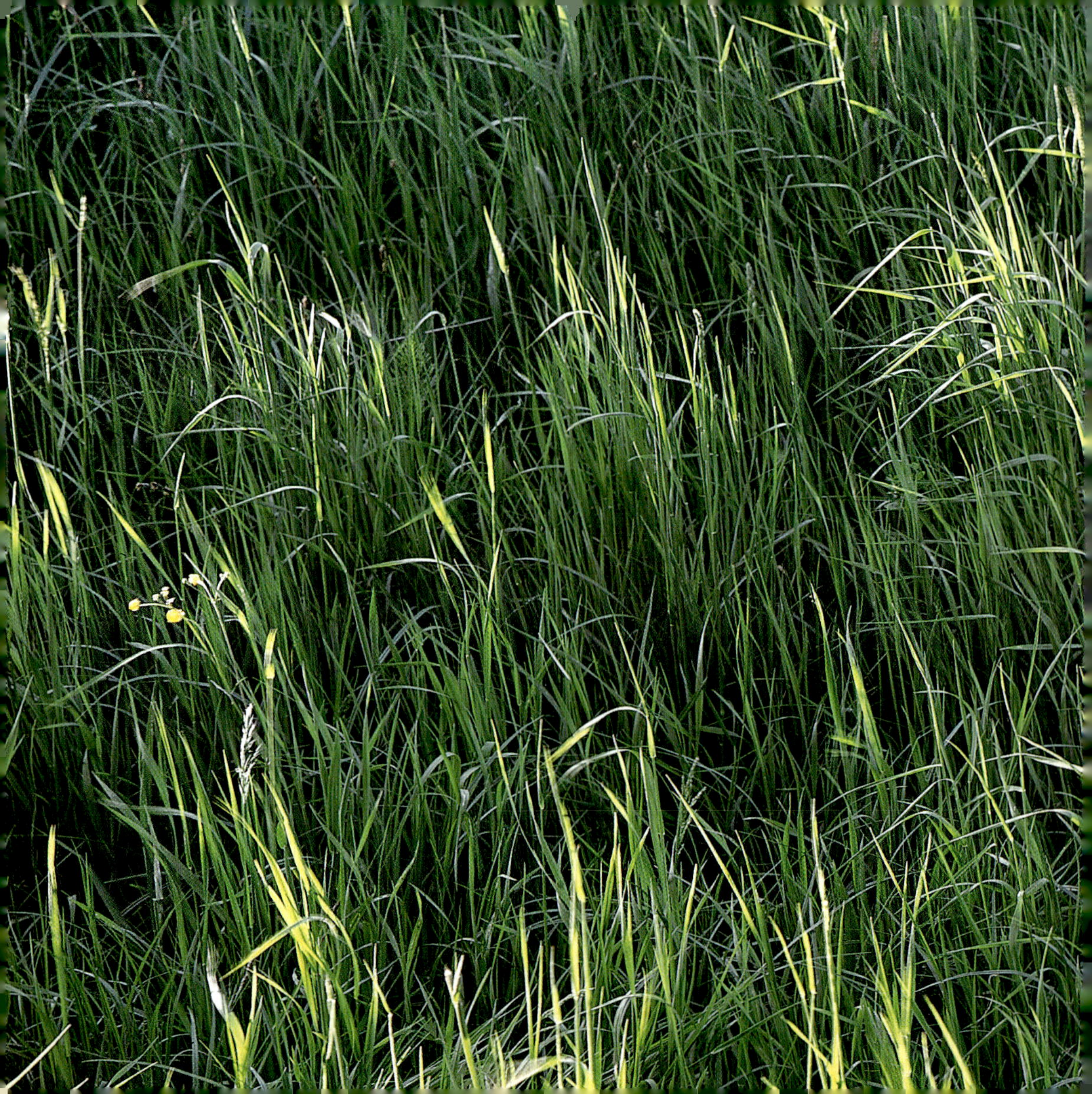

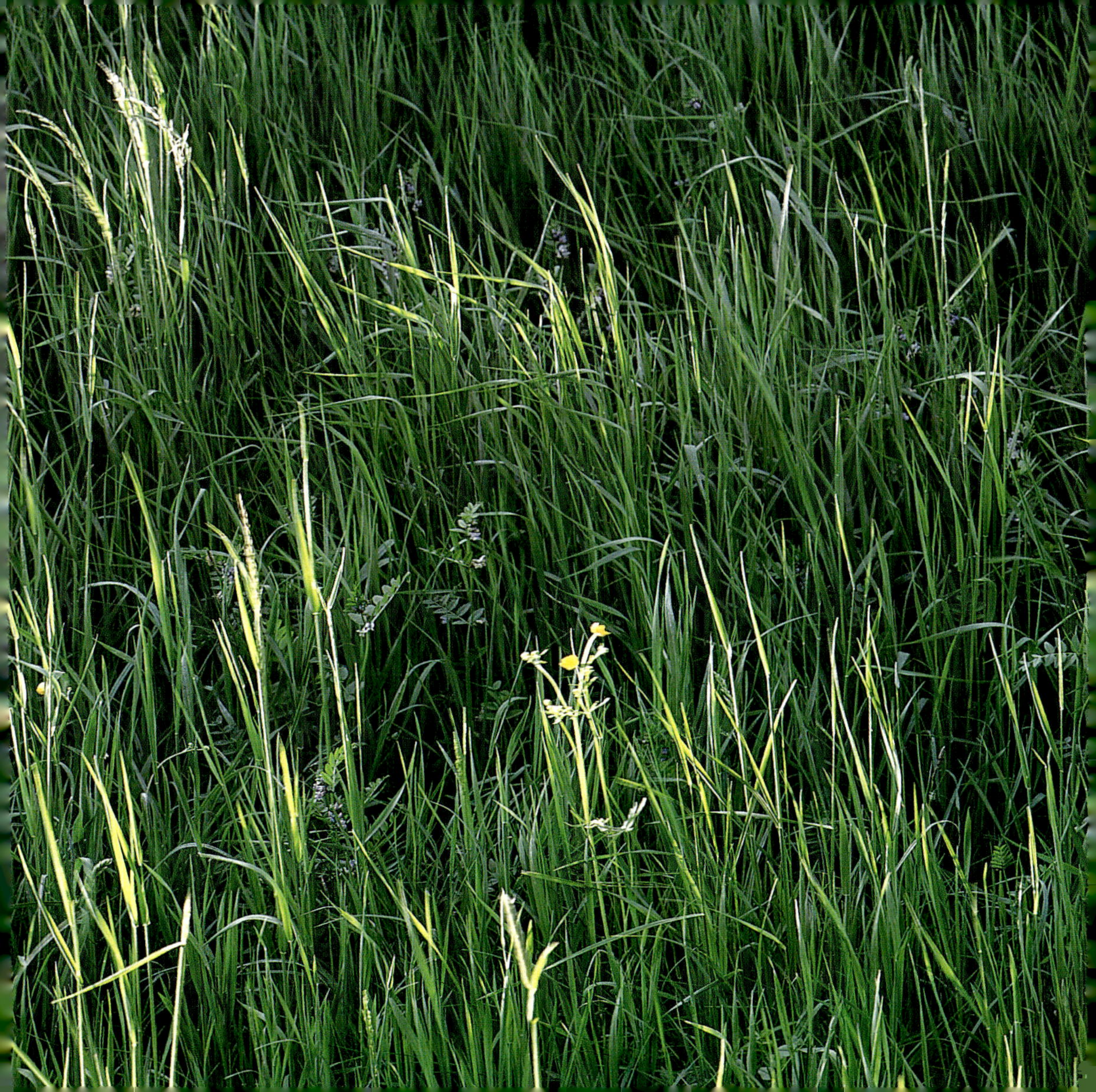

Nur für heute werde ich fest glauben
— selbst wenn die Umstände
das Gegenteil zeigen sollten —,
dass die gütige Vorsehung Gottes
sich um mich kümmert,
als gäbe es sonst niemand in der Welt.

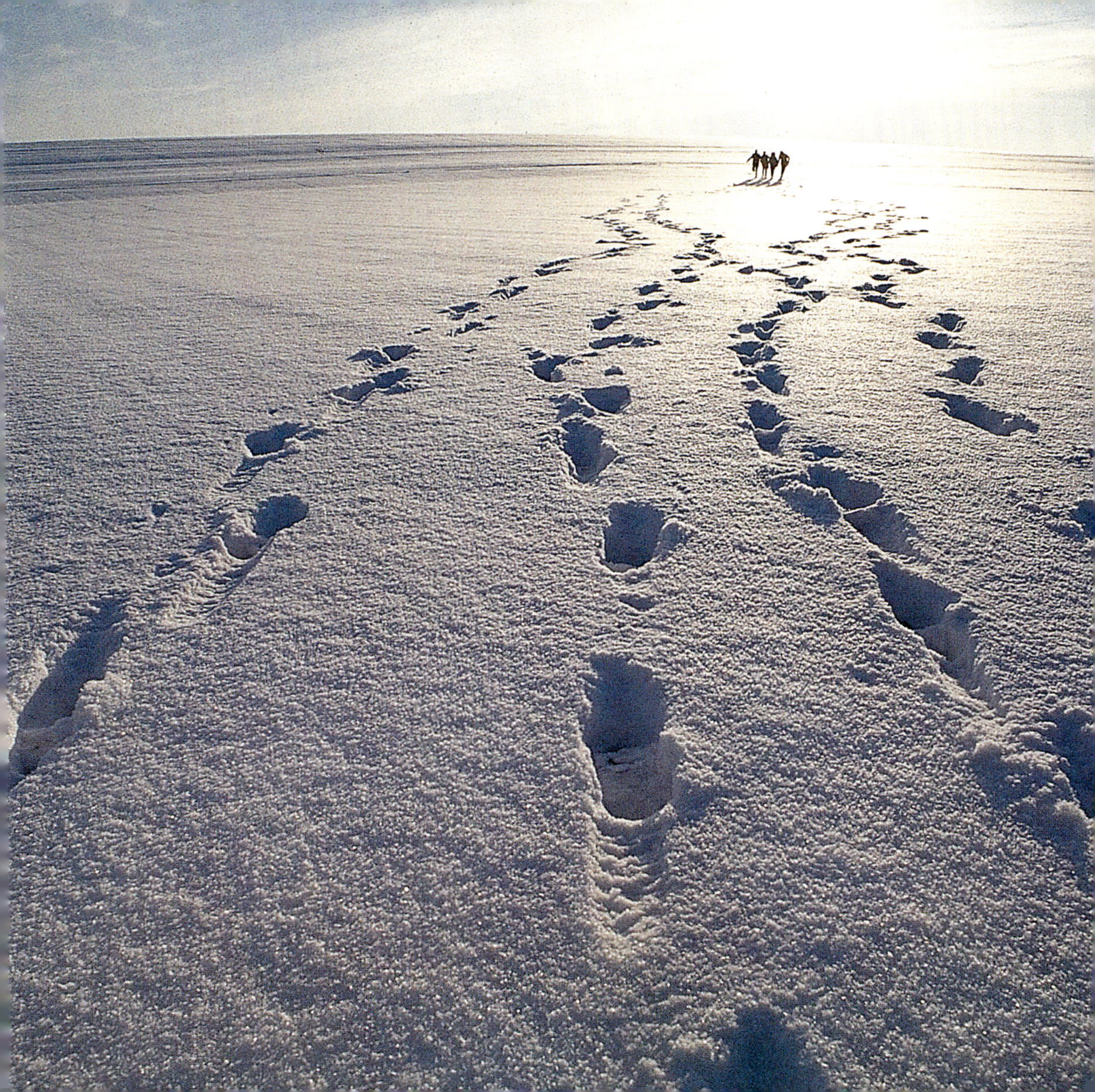

Nur für heute
werde ich keine Angst haben.

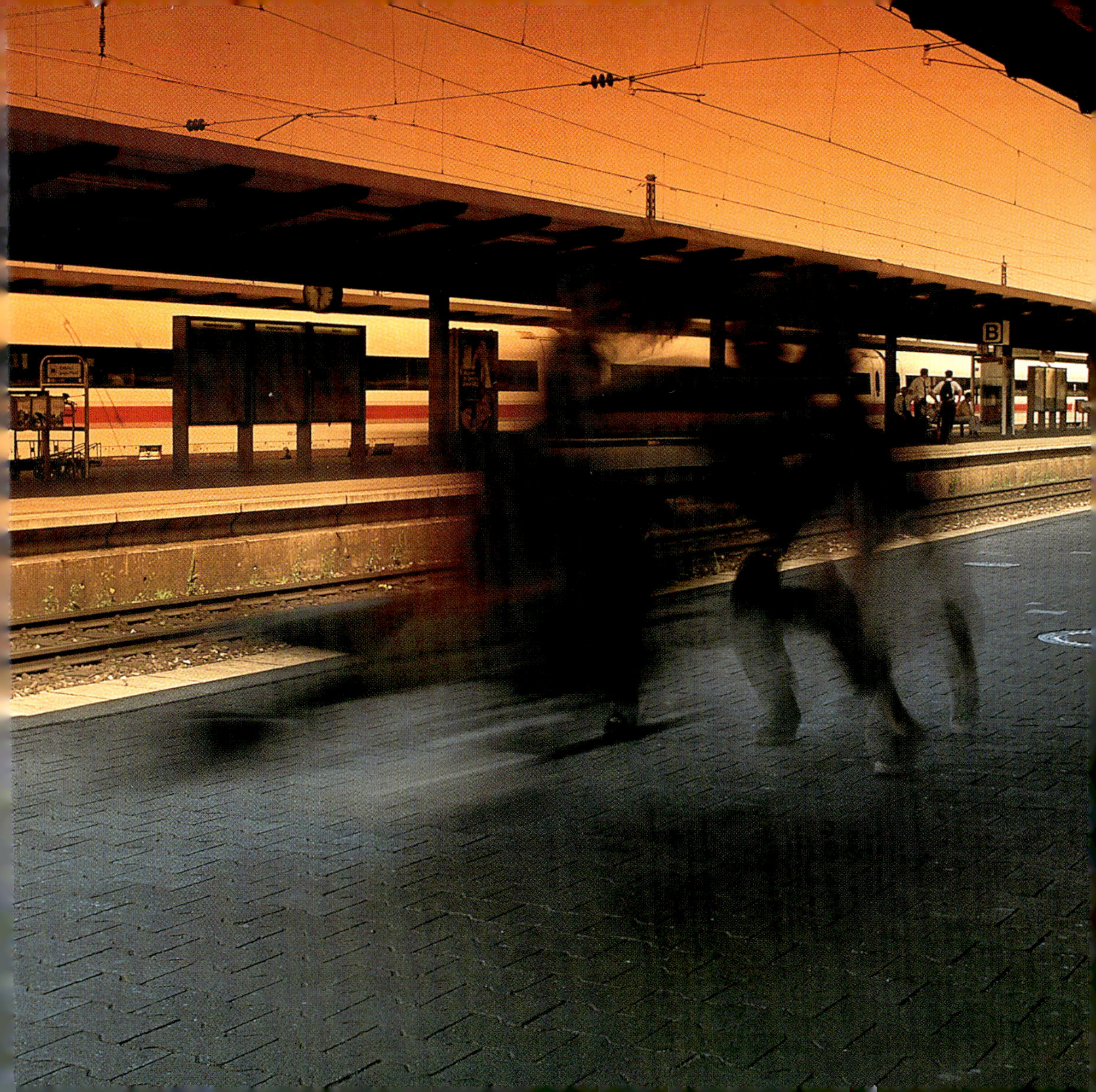
B

Ganz besonders werde ich keine Angst haben,
mich an allem zu freuen, was schön ist,
und an die Güte zu glauben.

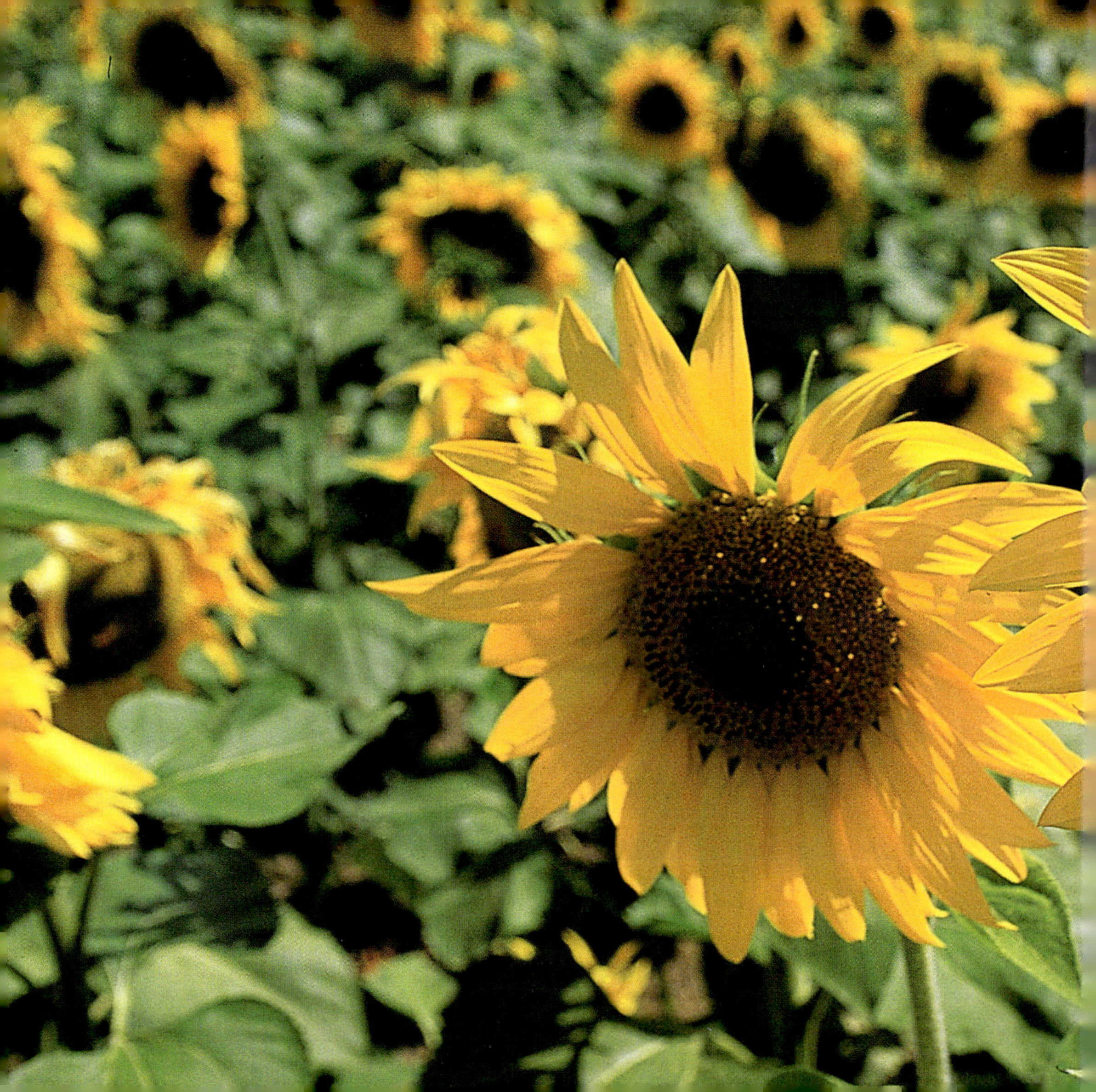

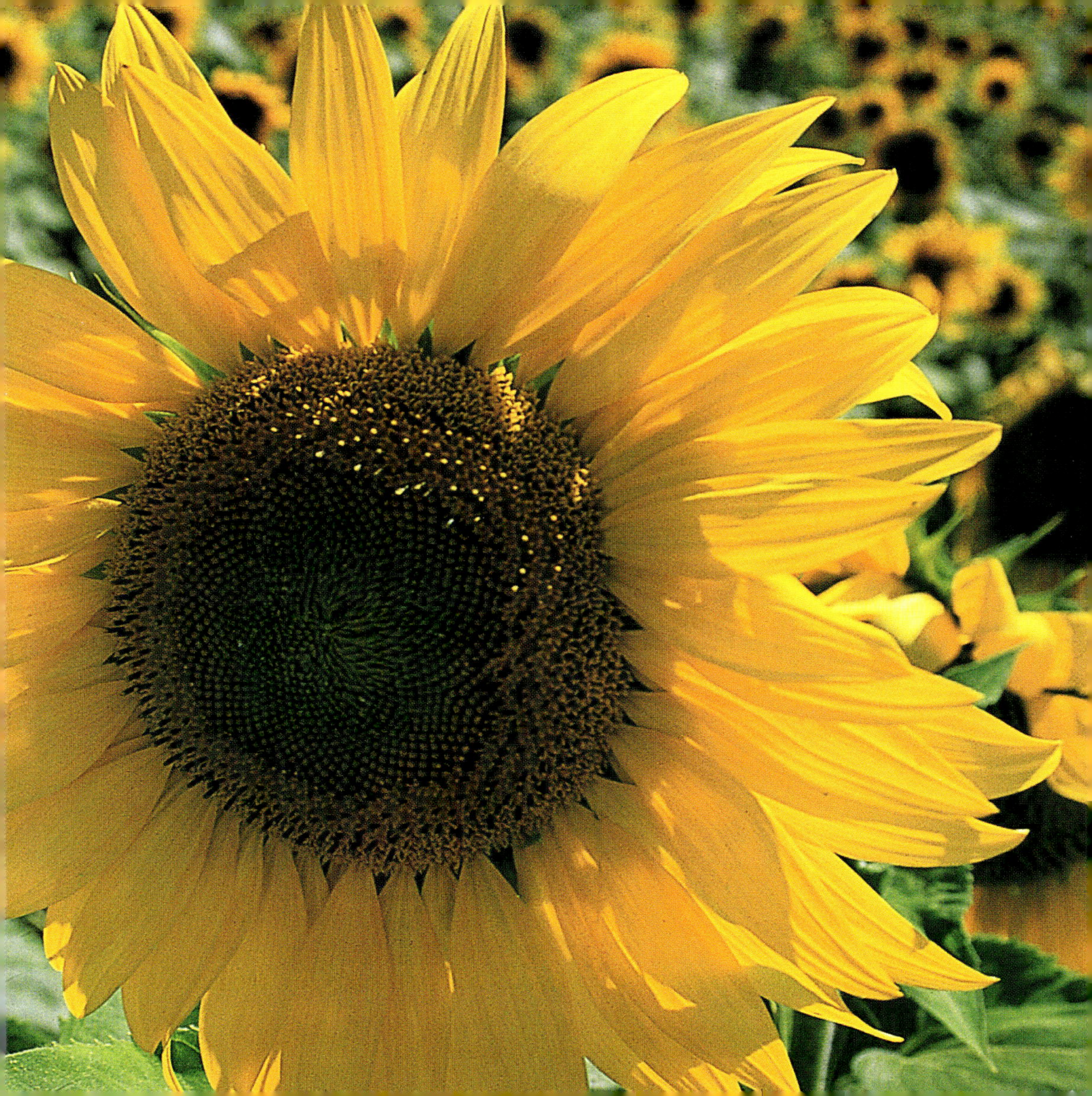

Johannes XXIII. – Eine biografische Notiz

Man will nur einen Übergangspapst wählen, einen Mann, alt genug, um nicht lange zu regieren. Alles soll so bleiben, wie es war. Angelo Giuseppe Roncalli, der Kardinal und Patriarch aus Venedig, steht ganz unten auf der Kandidatenliste, ist sozusagen die Ultima Ratio. Beim dritten Wahlgang spielt der Zufall seine Karte aus und jener Bauernsohn, den viele trotz diplomatischer Verdienste nicht allzu ernst nehmen, kann als neuer Papst den Namen Johannes XXIII. annehmen.

Als Drittes von 13 Kindern 1881 in den Bergamasker Bergen geboren, bleibt er zeitlebens von der schlichten Frömmigkeit seiner ländlichen Umgebung geprägt. Hier sind die Wurzeln für seine Bauernschläue, seine Unabhängigkeit und seine spontane Lebensweisheit zu finden.

Im Ersten Weltkrieg dient Roncalli in der italienischen Armee. Inzwischen zum Priester geweiht, stärkt das Erleben von Hunger und Gier, Kämpfen und Sterben, Laster und Leid seinen Glauben an die eigene Bestimmung, Menschen zu Gott zu führen. Und er macht Schritt für Schritt Karriere: Mit 40 Jahren übernimmt er eine wichtige Aufgabe im Päpstlichen Missionswerk, mit 44 Jahren weiht man ihn zum Bischof.

Viel scheint man ihm dennoch nicht zuzutrauen. Aus purem Zufall wird er zum Apostolischen Delegaten für die kleine Herde von 40 000 Katholiken im abseits gelegenen Bulgarien ernannt. Er empfindet die zehn Jahre dort als bitteres Exil. Und dann versetzt man ihn mit dem Titel eines Erzbischofs nach Istanbul, wieder ins Abseits. Rund zwanzig Jahre verbringt Roncalli unter

Menschen, die entweder orthodox sind oder dem Islam zugehören. Die katholische Luft ist sehr dünn. Er spürt die Distanz der Menschen zur Kirche, manchmal auch ihre Ablehnung, lernt andere Denkweisen erst kennen, dann verstehen und tolerieren. Und er handelt gegen den diplomatischen Kodex des Vatikans, etwa wenn er orthodoxen Würdenträgern Besuche abstattet, sie zu sich einlädt, mit ihnen freundschaftliche Beziehungen unterhält.

Eigentlich hätte ihn die Kurie gerne aus dem diplomatischen Dienst abberufen und in den vorzeitigen Ruhestand geschickt. Aber wieder kommt der Zufall dem späteren Papst zu Hilfe. 1944 fordert Charles de Gaulle vom Vatikan die Abberufung des bisherigen päpstlichen Gesandten, weil sich er und 33 andere französische Bischöfe angeblich der Kollaboration mit den Nazis schuldig gemacht hätten. Aber der Vatikan und de Gaulle können sich auf keinen Nachfolger einigen. Im Privatgespräch bei einem Besuch des türkischen Botschafters erfährt de Gaulle, dass die Türkei mit ihrem kirchlichen Botschafter keine Schwierigkeiten hat. Roncalli sei der beste Apostolische Delegat, den die Türkei je gesehen habe. Er sei gutherzig, menschlich, hilfsbereit und schlau wie alle Priester, so der türkische Botschafter zu de Gaulle. Von diesem Moment an weiß das französische Staatsoberhaupt, wen man in Paris braucht. In Rom ist man verblüfft über den Wunsch aus Paris, traut man doch Roncalli eine so heikle Aufgabe nicht zu. Aber da die Beziehungen zu Frankreich angespannt sind, erfüllt man de Gaulles Begehren.

Erst 1953 erreicht der damals 72-jährige Roncalli als Kardinal und Patriarch von Venedig ein Amt, das nach seinem Geschmack ist: Als Oberhirte einer Diözese kann er endlich einmal pastorale Verantwortung tragen, kann Seelsorger sein, wie er es seit seinen ersten Priestertagen ersehnt hatte.

Mit 77 Jahren dann wie durch Zufall das Papstamt. Der Gegensatz zu seinem aristokratischen und vergeistigt-asketischen Vorgänger Pius XII. hätte kaum größer sein können. Die Welt ist überrascht, in Roncalli einen volkstümlich-jovialen, behäbig-rundlichen, spontanen und humorvollen Heiligen Vater bekommen zu haben. Mit seiner einfachen Spiritualität und unkomplizierten Menschlichkeit strahlt er dennoch eine Autorität aus, der sich alle unterordnen.

Man sollte Johannes XXIII. nicht verklären. Es gibt manches in seiner Amtszeit, was nach rückwärts gewandt erscheint, so beispielsweise dass er weiter am Latein und seiner Bedeutung für die Reinheit des Glaubens festhielt oder die Exegeten zur Vorsicht bei der Auslegung des Neuen Testaments mahnte, ihm überhaupt manche neue Strömungen in der Theologie suspekt waren. Und dennoch sorgt er für eine echte Sensation, als er drei Monate nach seiner Wahl ein Ökumenisches Konzil einberuft und ankündigt, das Kirchenrecht reformieren zu wollen. Er wolle mit dem Konzil die Fenster der Kirche zur Welt weit öffnen, verkündet der neue Oberhirte auf dem Stuhl Petri. In seiner eigenen Diözese Rom zieht jedenfalls gleich zu Beginn seines Pontifikats ein frischer Wind ein. Welcher Papst vor ihm war schon dabei gesehen worden, dass er Menschen in Krankenhäusern und Gefängnissen besuchte und persönlich am Gründonnerstag die Fußwaschung vollzog?

In seinem ganzen Handeln geht es Johannes XXIII. mehr um Praktisches als um Dogmen. Was heißt es, als Kirche in einer pluralistischen Welt angekommen zu sein? Wie hat sich die Kirche, wie haben sich Christen in dieser Situation zu verhalten? Diese Fragen will er mit seinem eigenen Leben beantworten. Diese Fragen soll auch das II. Vatikanische Konzil beantworten, das somit ein Pastoralkonzil, kein Konzil der Dogmen wird. Die Zeichen der Zeit erkennen, das ist das Motto Roncallis. Gott spricht zu seinem Volk durch die Zeichen der Zeit: der gläubige Optimismus eines Papstes, der sich den Realitäten der Welt stellt.

Für manchen Beobachter führt das auch im tagespolitisch konkreten Handeln zu erstaunlichen Konsequenzen. So scheut sich Johannes XXIII. nicht, mit Moskau um des Friedens willen Kontakt aufzunehmen, den Ost-West-Konflikt zu entschärfen, ideologische Tabus aufzubrechen. Wichtig wird auch die Installation eines Sekretariats für die Einheit der Christen, dem die offizielle Aufgabe zukam, mit anderen Kirchen, bis dahin als Abweichler und Ketzer gesehen, Kontakt aufzunehmen, Ökumene zu betreiben. Johannes XXIII. als wahrer Pontifex maximus, oberster Brückenbauer!

Leider erlebt er nicht mehr den Abschluss des von ihm initiierten Konzils. Der gute „Papa Giovanni", der „Pfarrer der Welt", wie er auch genannt wurde, stirbt am 3. Juni 1963 nach einem mehrtägigen Todeskampf, nachdem er das Fenster zur Welt weit aufgestoßen hatte.

Matthias Stöbener

Die Deutsche Bibliothek - CIP-Einheitsaufnahme

Ein Titeldatensatz für diese Publikation ist bei
Der Deutschen Bibliothek erhältlich.

Es ist nicht gestattet, Abbildungen dieses Buches zu scannen, in PCs oder auf CDs zu speichern oder in PCs/Computern zu verändern oder einzeln oder zusammen mit anderen Bildvorlagen zu manipulieren, es sei denn mit schriftlicher Genehmigung des Verlages.

Gedruckt auf chlorfrei gebleichtem Papier.

© 2000 Pattloch Verlag GmbH & Co. KG, München
Gesamtgestaltung: Daniela Meyer
Umschlagfoto: Bavaria Bildagentur, Gauting
Reproduktion: Repro Ludwig, A-Zell am See
Druck und Bindung: Uhl, Radolfzell
Printed in Germany

ISBN 3-629-00493-8